AQUARELLES

ET

DESSINS DE MAITRES

VENTE HOTEL DROUOT, SALLE N° 3

Le Samedi 15 Avril 1882

A DEUX HEURES

EXPOSITIONS

PARTICULIÈRE	PUBLIQUE
Le Jeudi 13 Avril 1882	Le Vendredi 14 Avril 1882

DE UNE HEURE A CINQ HEURES

Me BOULLAND	M. HARO
COMMISSAIRE-PRISEUR	PEINTRE-EXPERT
26, rue des Petits-Champs	14, rue Visconti et rue Bonaparte, 2

1882

PARIS. — IMPRIMERIE EMILE MARTINET, RUE MIGNON, 2

AQUARELLES

ET

DESSINS DE MAITRES

DONT LA VENTE AURA LIEU

HOTEL DROUOT, SALLE N° 3

Le Samedi 15 Avril 1882

A DEUX HEURES

EXPOSITIONS

PARTICULIÈRE	PUBLIQUE
Le Jeudi 13 Avril 1882	Le Vendredi 14 Avril 1882

DE UNE HEURE A CINQ HEURES

Me BOULLAND	M. HARO ❋
COMMISSAIRE-PRISEUR	PEINTRE-EXPERT
26, rue des Petits-Champs	14, rue Visconti et rue Bonaparte, 20

1882

CONDITIONS DE LA VENTE

Elle sera faite au comptant.

Les acquéreurs payeront en sus des adjudications *cinq pour cent*, applicables aux frais.

CE CATALOGUE SE DISTRIBUE

A PARIS, CHEZ

Me BOULLAND	M. HARO ✵
COMMISSAIRE-PRISEUR	PEINTRE-EXPERT
26, rue des Petits-Champs	14, rue Visconti et rue Bonaparte, 20

AQUARELLES

ET

DESSINS DE MAITRES

DÉSIGNATION

AQUARELLES, DESSINS

AVERCAMP (H. VAN.)

1 — Paysans occupés à charger un chariot.

Dessin à la plume rehaussé d'aquarelle.
Collection Suermondt.

H. 17. L. 25.

BERTALL

2 — Le Mastroquet.

Signé à droite.

H. 22. L. 13.

BERTALL

3 — Le Propriétaire.

H. 22. L. 13.

BERTALL

4 — Type d'Alphonse.

H. 22. L. 13.

BERTALL

5 — Monsieur le Docteur.

Signé à droite.

H. 23. L. 13.

BERTALL

6 — Monsieur Alphonse.

H. 22. L. 13.

BERTALL

7 — Le gros Adolphe.

Billets moins chers... succès dramatique au plus juste prix.
Signé à droite.

H. 29. L. 22.

BARYE

8 — Lion de l'Atlas.

Aquarelle.
Signé à droite.

H. 13. L. 22.

BARYE

9 — Tigre Royal.

Aquarelle.
Signé à gauche.

H. 23. L. 26.

BARYE

10 — Tigre sur une piste.

Aquarelle.
Signé à droite.

H. 14. L. 22.

BARYE

11 — Cerf au repos.

Aquarelle.
Signé à droite.

H. 23. L. 15.

BELLANGÉ (Hippolyte)

12 — Le Retour au pays.

Aquarelle.

H. 27. L. 21.

BELLANGÉ (Hippolyte)

13 — Militaire et Bonne d'enfants.

Aquarelle.
Signé et daté.

H. 15. L. 11.

BISCHOF

14 — Le Bac.

Dessin à l'encre et à la sépia.

H. 18 1/2. L. 32.

BOISSIEU

15 — Il s'est représenté montrant un dessin d'animaux.

Signé du monogramme.
Dessin à l'encre de Chine.

H. 27. L. 22.

BOISSIEU

16 — Deux Anes et un Porc dans une Prairie.

Dessin à la plume rehaussé d'encre de Chine.

H. 17 1/2. L. 27.

BOISSIEU

17 — Paysage avec Figure et Animaux, imitation de Berchem.

Dessin à l'encre de Chine.

H. 18. L. 26.

BOISSIEU

18 — Tête de Vieillard.

Dessin à la plume et à l'encre de Chine.

H. 19. L. 15.

BOISSIEU

19 — Tête d'homme costume Louis XV.

Dessin à la plume et à l'encre de Chine.

H. 28. L. 17.

BONVIN (Léon)

20 — Fleurs et Paysage.

Aquarelle.
Signé.

H. 25. L. 19.

BONVIN (Léon)

21 — Fleurs et Paysage.

Signé.

H. 26. L. 20.

BONVIN (F.)

22 — L'Écaillère.

Fusain signé et daté 1858.

H. 40. L. 30.

BROWNE (Henriette)

23 — Enfants turcs : Marchands d'oranges.

Crayon noir rehaussé de blanc.
Signé à gauche.

H. 18. L. 21.

CATS

24 — Deux petits Paysages à la sépia.

H. 06. L. 85.

CHAPLIN (Ch.)

25 — Jeune Fille à la Colombe.

Aquarelle.
Signé.

H. 46. L. 29.

CHARLEMONT (E.)

26 — L'Homme à l'Épée.

Dessin à la plume.
Signé et daté .879.

H. 24. L. 16.

CHARLEMONT

27 — Avant le Combat

Dessin à la plume.
Signé et daté 1879.

H. 21. L. 16.

CLAUDE (Max.-J.)

28 — Le Rendez-Vous sous bois.

Aquarelle.
Signé à gauche.

H. 19. L. 26.

COSYN

29 — Joueurs de cartes.

Composition spirituelle dans le style de J. Steen.
A la mine de plomb sur peau de vélin.
Signé à droite et daté 1665.

H. 35. L. 30.

COX (D.)

30 — Entrée de Ville.

Sépia.

H. 20. L. 30.

DAUMIER

31 — L'Avocat à l'Audience.

Dessin au crayon noir.
Signé H. D.

H. 21. L. 23.

DEGAS

32 — Les Apprêts pour la Leçon de Danse à l'Opéra.

Pastel.
Signé à gauche.

H. 47. L. 56.

DELACROIX (Eug.)

33 — Marocains.

Aquarelle.
Provenant de la vente.

H. 23. L. 22.

DESHAYES

34 — Amours.

Étude à la sanguine et au blanc.

H. 20. L. 25.

DETAILLE (Éd.)

85 — Lancier en vedette.

Très belle aquarelle.
Signé à gauche.

H. 48. L. 34.

DRIELST (E. Van)

36 — Le Traîneau.

Paysage, effet d'hiver.
Dessin à l'encre de Chine.

H. 24. L. 33.

DRIELST (E. Van)

37 — Une Chaumière.

Dessin à l'encre de Chine rehaussé d'aquarelle.

H. 18. L. 27.

FLANDRIN (H.)

38 — Fragment de la peinture murale de Saint-Vincent de Paul.

Dessin mine de plomb.

H. 29. L. 23.

FILOSA.

39 — Les Confidences.

Aquarelle.
Signé à droite.

H. 35. L. 48.

FRAGONARD (H.)

40 — L'arc de triomphe de Titus.

Dessin à l'encre et à la Sépia.

H. 30. L. 37.

FRAGONARD (H.)

41 — Figure de Triton.

Place Navone.
Dessin à l'encre.

GAVARNI

42 — Pierrette.

Aquarelle.
Signé.

H. 19. L. 14.

GAVARNI

43 — Le Natché.

Aquarelle.
Signé.

H. 17. L. 10.

GAVARNI

44 — A travers Champs.

Aquarelle.
Signé.

H. 31. L. 20.

GAVARNI

45 — La Châtelaine en prière.

Aquarelle.
Signé.

H. 19. L. 13

GAVARNI

46 — La Jeunesse.

Aquarelle.
Signé.

H. 19. L. 13.

GAVARN

47 — La Manola.

Aquarelle.
Signé.

H. 20. L. 13.

GREUZE (J. B.)

48 — Étude de jeune enfant.

Sanguine.

H. 40. L. 26.

GUDIN (Th.)

49 — Ischia.

Aquarelle.
Signé.

H. 15. L. 22.

GUDIN (Th.)

50 — Gros temps : Marine.

Aquarelle.
Signé.

H. 16. L. 25.

GUDIN (Th.)

51 — Le Vésuve.

Aquarelle.
Signé et daté.

H. 20. L. 28.

HULSWIT

52 — Paysage : Bord de la mer.

Dessin à la plume et à l'encre de Chine.

H. 09. L. 15.

HULSWIT

53 — Vue dans les environs d'Amsterdam.

Aquarelle.
Signé à gauche.

H. 21. L. 33.

HULSWIT

54 — Vue près de Zeeburg, dans les environs d'Amsterdam.

Aquarelle.
Signé à gauche.

H. 14. L. 21.

HULSWIT

55 — Paysage : Effet de neige.

Aquarelle.
Signé à gauche.

H. 18. L. 28.

ISABEY

56 — Christophe Colomb.

Aquarelle.
Signé à gauche.

H. 20. L. 17.

LAMI (Eug.)

57 — Saint Paul. (City.)

Aquarelle.
Signé.

H. 23. L. 17.

MEISSONIER

58 — Les Échevins de Paris.

Aquarelle.
Signé E. Meissonier.

H. 08. L. 10.

MILLET

59 — Les Couturières.

Dessin au crayon noir.

H. 15. L. 11.

NATOIRE

60 — Étude de femme vue de dos.

Sanguine rehaussée avec rayon blanc.

H. 32. L. 21.

NICOLLE (V.-J.)

61 — Vue de la Fontaine du Triton.

Signé à gauche.

H. 20. L. 30.

NICOLLE (V.-J.)

62 — Vue du Phare à Naples.

Signé à droite.

H. 12. L. 17.

NICOLLE (V.-J.)

63 — Vue du temple de Vesta.

Signé à droite.

Forme ronde. H. 19.

NICOLLE (V.-J.)

64 — Vue du Forum.

Signé à gauche.

Forme ronde. H. 19.

NICOLLE (V.-J.)

65 — Vue du pont et château Saint-Ange.

Signé à gauche.

H. 20. L. 31.

NICOLLE (V.-J.)

66 — Vue du port de Ripagrande.

Signé à gauche.

H. 20. L. 31.

NICOLLE (V.-J.)

67 — Vue du Vésuve et du château de l'Œuf.

Signé à gauche.

H. 20. L. 30.

PALAMÈDES

68 — Arquebusier.

Sépia.

H. 20. L. 15.

PALAMÈDES

69 — Page portant une épée.

Sépia.

H. 19. L. 14.

POTTER (Paul)

?

70 — Vache et Taureau.

Dessin à la sanguine.
Collection Ellmckhuysen et Blussé.

H. 11. L. 15.

PRUDON (P.)

71 — L'Amour vainqueur.

Très beau dessin à la mine de plomb.
Signé à droite.

(Provient du cabinet du baron Roger.)

H. 25. L. 32.

REMBRANDT (VAN RYN)

72 — Le Christ descendu de la Croix : Première pensée.

Dessin à l'encre.

H. 18. L. 25.

DE LA RIVE

73 — Le Pâturage.

Signé à droite.

H. 40. L. 37.

ROUSSEAU (TH.)

74 — La Chaumière sous bois.

Dessin à la plume.
Signé à gauche.

H. 17. L. 25.

ROUSSEAU (Th.)

75 — Le Village.

Signé du monogramme.

H. 19. L. 28.

ROUSSEAU (Th.)

76 — Barbizon.

(Étude au pastel.)
Signé du monogramme.

H. 13. L. 20.

ROYBET

77 — Gentilhomme Louis XIII.

Dessin à la plume.
Signé à droite.

H. 39. L. 27.

SANTERRE

78 — Tête d'Ange.

Étude aux crayons de couleur.

H. 21. L. 17.

TERBURG (Gérard)

79 — Le marché d'une ville hollandaise : différents groupes entourent des marchands de légumes, etc.

Dessin au crayon noir.
Collection Duppers et Suermondt.

H. 15. L. 95.

TIÉPOLO (Jean Dominique)[1]

80 — Le Christ après le Crucifiement dans les bras du Père Éternel.

Signé à gauche.

H. 25. L. 17.

1. Tiépolo Jean-Dominique, peintre d'histoire et de portraits, élève de son père, qu'il suivit en Espagne, remplit les palais et les églises d'ouvrages magnifiques. Graveur à l'eau forte.

TIÉPOLO

81 — La tête de Cicéron présentée à Marc-Antoine.

Dessin à la pierre noire.

H. 23. L. 30.

TIÉPOLO

82 — Fleuves : Études.

Signé à droite.

H. 37. L. 26.

TIÉPOLO

83 — Le Triomphe de la Vertu : Plafond.

Sépia.
Signé au milieu.

H. 25. L. 44.

TIÉPOLO

84 — Départ pour la Fuite en Égypte.

Signé à gauche.

H. 45. L. 35.

TIÉPOLO

85 — L'Assomption.

Sépia.

H. 26. L. 19.

TIÉPOLO

86 — Le Christ transporté par les Anges.

Signé à gauche.

H. 45. L. 35.

TIÉPOLO

87 — L'Éducation de la Vierge.

Signé à droite.

H. 45. L. 35.

TIÉPOLO

88. — Jésus et le Paralytique.

Signé à gauche.

H. 45. L. 35.

TIÉPOLO

89 — Le Christ au Jardin des Oliviers.

Sépia.
Signé à droite.

H. 45. L. 35.

TIÉPOLO

90 — Le Père Éternel bénissant le monde.

Signé à droite.

H. 25. L. 19.

TIÉPOLO

91 — Jésus reçu dans le sein du Père Éternel.

Signé en bas.

H. 23. L. 16.

TIÉPOLO

92 — L'Apparition.

Signé à gauche.

H. 45. L. 35.

TIÉPOLO

93 — Jésus guérissant les Malades.

Signé à gauche.

H. 45. L. 35.

TIÉPOLO

94 — Le Denier de César.

Signé à droite.

H. 45. L. 35.

TIÉPOLO

95 — Neptune.

Dessin à la plume.
Signé à droite.

H. 26. L. 30.

TIÉPOLO

96 — Triomphes militaires.

Plafond.
Encre de Chine.
Signé à droite.

H. 41. L. 26.

TIÉPOLO

97 — La Mort de la Madeleine.

Encre de Chine.
Signé à droite.

H. 35. L. 24.

TIÉPOLO

98 — Enlèvement de Déjanire.

Encre de Chine.
Signé au milieu.

H. 26. L. 29.

TIÉPOLO

99 — Enlèvement par le Centaure.

Encre de Chine.
Signé.

H. 24. L. 31.

TIÉPOLO

100 — Enlèvement par le Centaure.

Variante.
Encre de Chine.
Signé à droite.

H. 26. L. 29.

TIÉPOLO

101 — Le Père Éternel dans les cieux.

Encre de Chine.
Signé à droite.

H. 24. L. 17.

TIÉPOLO

102 — Moïse.

Signé.

H. 27. L. 39.

TIÉPOLO

103 — Saint François d'Assise.

Sépia.

H. 26. L. 16.

TIÉPOLO

104 — Job et les Anges.

Sépia.

H. 40. L. 27.

TIÉPOLO

105 — L'Annonciation.

Encre de Chine.

H. 26. L. 31.

TIÉPOLO

106 — L'Assomption.

Encre de Chine.

H. 27. L. 20.

TIÉPOLO

107 — Évêque bénissant.

Dessin à la plume.

H. 36. L. 23.

TIÉPOLO

108 — Naissance de Jésus.

Sépia.
Signé à droite.

H. 24. L. 32.

TIÉPOLO.

109 — Enlèvement de Déjanire.

Signé à droite.

H. 26. L. 30.

VELDE (A. VAN DER)

110 — Cheval.

Étude à la sanguine.

H. 11. L. 12.

VELDE (Isaï van der)

111 — Femmes et Enfants.

Études à la plume et à l'encre de Chine.

H. 17. L. 17 1/2.

VILLERET

112 — Église en Bretagne.

Aquarelle.

H. 28. L. 22.

VINKENBOONS (David)

113 — Une pièce d'eau est entourée à gauche d'une Forêt et au fond d'une propriété seigneuriale et de montagnes.

A la plume lavé d'aquarelle.

H. 18. L. 26.

VOILLEMOT

114 — Les Tourterelles.

Signé à droite.

H. 24, L. 17.

WATTEAU

115 — Étude à la sanguine pour un Cavalier.

H. 16. L. 12.

116 — Sous ce numéro seront vendus les dessins ou aquarelles non catalogués.

PARIS. — IMPRIMERIE ÉMILE MARTINET, RUE MIGNON, 2

www.ingramcontent.com/pod-product-compliance
Lightning Source LLC
LaVergne TN
LVHW010007230826
846092LV00002B/685